Sina Nuêmo

Die Qualität der Zeit

Sina Nuêmo

Die Qualität der Zeit

Jahresanalyse

Goldene Rakete Verlag für Belletristik

Imprint
Any brand names and product names mentioned in this book are subject to trademark, brand or patent protection and are trademarks or registered trademarks of their respective holders. The use of brand names, product names, common names, trade names, product descriptions etc. even without a particular marking in this work is in no way to be construed to mean that such names may be regarded as unrestricted in respect of trademark and brand protection legislation and could thus be used by anyone.

Cover image: www.ingimage.com

Publisher:
Goldene Rakete Verlag für Belletristik
is a trademark of
International Book Market Service Ltd., member of OmniScriptum Publishing Group
17 Meldrum Street, Beau Bassin 71504, Mauritius

Printed at: see last page
ISBN: 978-620-2-44441-5

Inhaltsangabe[1]:

[1] Vgl. Astrodienst und Liz Greene

I. Einleitung:

„Schicksal und Seele

sind zwei Namen

für dasselbe Prinzip."

- Novalis -

II. Die wichtigsten Themen des Jahres

1. Die tonangebende Kraft

Weil andere Menschen so überaus wichtig für Sie sind, könnte sich dieses Jahr als außerordentlich erfüllend und anregend erweisen. Die hintergründig wirksamen Kräfte der kommenden zwölf Monate können Ihren Idealismus anstacheln, Ihr Herz öffnen und Sie empfänglicher für die äußere und innere Schönheit machen, die Sie umgibt. Ihre Begegnungen mit anderen verlaufen wahrscheinlich besonders anregend und glücklich, und Sie könnten die Chance haben, herauszufinden, was Sie von Herzen glücklich macht. Gleichzeitig müssen Sie vielleicht herausfinden, was Sie unglücklich macht, um Ihre persönlichen Werte klarer definieren zu können. Daher müssen Sie sich möglicherweise mit Beziehungsproblemen wie Rivalität, Eifersucht oder der Notwendigkeit, Kompromisse zu schließen, auseinandersetzen, was Ihnen einiges Unbehagen bereiten könnte. Aber auch wenn solche Erfahrungen manchmal enttäuschend oder desillusionierend sind, werden sie sich wahrscheinlich gleichzeitig als wertvoll erweisen, weil Sie dadurch die Chance erhalten, sowohl ein stärkeres Selbstwertgefühl als auch tiefere und erfülltere Beziehungen zu anderen zu entwickeln. Eine besonders harmonische Liebe könnte Ihre Ansichten in Bezug auf die Natur des Menschen verändern und Ihre angeborene Fürsorglichkeit durch die Erkenntnis der Wichtigkeit aller menschlichen Interaktionen vertiefen. Auch im kreativen Bereich könnte es sich um eine anregende Zeit handeln, da Ihr Geschmack und Ihr Sinn für Ästhetik sich verfeinern und Sie sich zu Menschen hingezogen fühlen, die Schönheit und Anmut in Ihr Leben bringen. Jedes unglückliche Gefühl, mit dem Sie sich auseinandersetzen müssen, ist wahrscheinlich zu Ihrem Besten, weil es dazu dient, Ihnen klarzumachen, was Sie wirklich brauchen und was Ihnen zusteht, um glücklich und zufrieden zu sein.

2. Liebe kann beschwerlich sein

In Ihren Beziehungen könnte zur Zeit ein wenig Unruhe herrschen, denn Ihre Werte und Ihre Auffassung von Liebe befinden sich jetzt auf dem Prüfstand. Vermutlich sind Sie nicht gerade von größtem Selbstvertrauen erfüllt, sondern erleben Depressionen und einen Verlust Ihrer Selbstachtung. Vielleicht haben Sie auch das quälende Empfinden, unattraktiv oder nicht liebenswert zu sein, und erwarten – bewusst oder unbewusst – von nahestehenden Menschen zurückgewiesen oder ignoriert zu werden. Das alles ist nur eine Folge Ihrer eigenen Unsicherheit. Solche Empfindungen sind Ihnen vermutlich nicht neu. Schon in der frühen Kindheit erlebten Sie wahrscheinlich Einsamkeit und Ablehnung oder mussten die Erwartungen anderer erfüllen, um geliebt zu werden. Das hat in Ihnen Selbstzweifel, sowie ein gewisses Misstrauen gegenüber der Echtheit und Beständigkeit der Liebe und Loyalität anderer Menschen zurückgelassen. Möglicherweise macht Ihnen Ihr Partner jetzt Schwierigkeiten. Die Gründe dafür können in finanziellen oder beruflichen Problemen liegen, die offensichtlich nichts mit Ihnen zu tun haben. Vielleicht kommt es auch in einer an sich stabilen Beziehung plötzlich zu Reibereien und Eifersucht. Sie könnten jetzt durch die Entdeckung beunruhigt werden, dass Ihre Liebe und Zuneigung oder Ihr Verlangen in Bezug auf einen geliebten Menschen abgekühlt sind, oder dass Ihre bisher ideale Auffassung von einem Geliebten, einem Elternteil oder einem Kind viel an Glanz verlor. Erwarten Sie nicht, zurzeit in Höchstform zu sein und seien Sie nicht überrascht, wenn in Ihrem Privatleben Schwierigkeiten oder ungewohnte Depressionen und Einsamkeitsgefühle auftreten. Um mit solchen Empfindungen und Situationen konstruktiv umgehen zu können, ist es wichtig, die eigentlichen Vorgänge in Ihrem Inneren zu verstehen. Sie haben jetzt einen Punkt erreicht, an dem alte Wertvorstellungen einer gründlichen Überholung bedürfen – besonders jene, die mit Liebe und Beziehungen zu tun haben. Ihre Auffassung von der Liebe war vermutlich immer mit Ihrem Bedürfnis nach starker emotionaler Nähe verknüpft sowie mit der Hoffnung, durch intensive Gefühle Transformation zu erreichen. Es ist möglich, dass Sie in Ihren Erwartungen hinsichtlich der Liebe ein wenig zu fordernd waren oder alles zu sehr vereinfacht haben. Jetzt fällt es Ihnen vielleicht schwer, gewöhnliche, menschliche Fehler und Unvollkommenheiten zu verstehen oder zu vergeben. Sie müssen vielleicht damit umgehen lernen, dass Sie von sich selber oder von anderen enttäuscht sind. Dabei könnten Sie entdecken, dass man andere trotz Ihres verwirrenden oder sogar unfreundlichen Verhaltens lieben kann, da die menschlichen Gefühle viel komplexer und verwickelter sind, als Sie es vielleicht gerne hätten. Gefühle der Einsamkeit oder Isolation sollten im Hinblick darauf geprüft werden, welche Rollen andere in Ihrem Leben gespielt haben und was Sie insgeheim von ihnen erwarteten. Wenn Sie sich unattraktiv oder nicht liebenswert fühlen, sollten Sie herausfinden, wie Sie sich selbst in dieser Hinsicht sehen und welche alten Familienmuster (deren Wurzeln in der Kindheit oder in der Beziehung zu den Eltern liegen) Ihr Selbstbild beeinflusst haben. Wenn Sie sich gerade mitten in einer Trennung befinden, sollten Sie genau und gründlich betrachten, worauf die Beziehung , die sich gerade auflöst, sich gründete. Dabei spielt es keine Rolle, von wem die Trennung ausging. Vielleicht kommt es zum Abschied, weil Sie unbemerkt über die Werte und Bedürfnisse hinausgewachsen sind, die einst Ihr Gefühlsleben bestimmten; vielleicht fühlen Sie sich betrogen oder abgelehnt, oder Sie befinden sich in einem Dreiecksverhältnis. Es wäre ratsam, den tieferen Gründen nachzuspüren, anstatt bloß verletzt und ärgerlich zu sein und jemanden zu suchen, dem Sie die Schuld zuschieben können.

All das mag Ihnen sehr schwer und bedrückend erscheinen. Doch sichere und beständige Bindungen werden dem Druck problematischer Gefühle oder dem Bedürfnis nach Kompromissen und Anpassungen standhalten. Sie können jetzt eine solide Grundlage für Ihre Zukunft schaffen – sofern Sie bereit sind, Ihre Erfahrungen als eine Herausforderung zu sehen, anstatt sich nur als Opfer zu fühlen. Vergnügen und Leichtlebigkeit kommen im Moment ein wenig zu kurz, und Sie könnten auch gewisse finanzielle Einschränkungen erfahren, die es Ihnen schwer machen, sich zu vergnügen. Geraten Sie nicht in Panik, und versuchen Sie nicht, sich zu trösten oder Ihr Unglücklichsein zu mildern, indem Sie so schnell wie möglich einen neuen Freund oder Partner finden, der Ihnen auf wunderbare Weise alles erleichtert. Eine Beziehung, die Sie jetzt eingehen, könnte sich als schwieriger und komplizierter herausstellen, als Sie denken. Weil Ihre Suche etwas Verzweifeltes hat, ziehen Sie vielleicht jemanden an, der es aufgrund seiner eigenen Unsicherheit genießt, Macht über einen bedürftigen und unsicheren Menschen zu haben. Versuchen Sie, mit Ihrem Einsamkeitsgefühl selbst fertigzuwerden und verwenden Sie Ihre Energie lieber, um herauszufinden, was Sie wirklich von anderen wollen und was Sie als Persönlichkeit zu bieten haben. Vielleicht müssen Sie lernen, sich selbst mehr zu lieben und in sich dieselben Werte zu erkennen, die Sie anderen zuschreiben. Sie können aus dieser Lebensphase mit einem viel stärkeren und gesünderen Selbstbewusstsein hervorgehen und sind dann besser in der Lage, Fehler und Grenzen an sich und anderen zu akzeptieren.

3. Sehnsucht nach Veränderung

Im Moment „zerren Sie an Ihren Ketten“, denn Ihre Ideale und Wertvorstellungen unterziehen sich einem grundlegenden Wandel, und Sie könnten sich daher durch gewisse enge Beziehungen ein wenig eingeengt fühlen. Sie sehnen sich nach mehr Raum zum Atmen, und das beinhaltet auch mehr Freiheit in Liebesbeziehungen. Vielleicht suchen Sie nach einer völlig anderen Form der Beziehung, was in langjährigen Partnerschaften zu vielen Problemen führen könnte. Sie haben jetzt das starke Bedürfnis, eine Liebe zu erfahren, die intensiv, transformativ und sexuell anregend ist, und es ist möglich, dass Sie jetzt jemandem begegnen, der Ihren Wünschen zu entsprechen scheint. Dennoch ist es vernünftig, gut aufzupassen und mit beiden Beinen auf dem Boden zu bleiben. Der mächtige Einfluss neuer Ideen und Werte ist einem ungetrübten Urteilsvermögen nicht immer zuträglich, und wenn Sie zu impulsiv vorgehen, könnten Sie Verbindungen zerstören, die, wie Ihnen später klar wird, immer noch einen großen Stellenwert in Ihrem Leben haben.

Neue Beziehungen erweisen sich wahrscheinlich als aufregend und interessant; sie sind allerdings auf lange Sicht vielleicht nicht beständig. Das heißt nicht, dass Sie keine neuen Beziehungen eingehen sollten. Aber Sie sollten vorsichtig sein und keine bestehenden Beziehungen gefährden oder beenden, solange Ihnen nicht ganz klar ist, womit Sie es zu tun haben. Wenn eine Beziehung durch jemand anderen zerstört wird, versuchen Sie, zu erkennen, dass es vielleicht an der Zeit ist, in eine andere Zukunft zu gehen; und auch dann sollten Sie vorsichtig vorgehen, statt mit Wut zu reagieren. Es ist möglich, dass Sie jetzt sehr aufgewühlt und begeistert sind. Denken Sie trotzdem daran – auch wenn es im Moment schwerfällt -, dass die Begeisterung aus Ihnen kommt, und dass die andere Person sich bald als Mensch herausstellen wird und kein übernatürliches Wesen ist, dass Ihnen permanent Aufregung und Ekstase bringt. Ihr Leben öffnet sich jetzt wahrscheinlich durch die Vermittlung anderer, und diese Phase könnte eine der kreativsten und amüsantesten Zeiten werden, die Sie jemals erlebt haben. Aber der wirkliche Nutzen dieses Zeitraums macht sich auf kreativer, intellektueller und spiritueller Ebene bemerkbar, und es wäre klug, Ihr Leben ausgeglichen und strukturiert zu belassen, solange Sie neue Ideen und Perspektiven erkunden.

Alte Einstellungen werden jetzt verworfen, und Sie entdecken, wie eingeengt und schal Ihre Definitionen von Liebe, Beziehung, Ehe, Sexualität und dem allgemein Wichtigen im Leben geworden sind. Sie sind in einer ziemlich aufsässigen Stimmung, wobei Sie eigentlich gegen sich selbst rebellieren. Das sollten Sie in Erinnerung behalten, wenn Sie das Bedürfnis verspüren, andere zu schockieren, indem Sie sich lautstark äußern. Eigentlich sind es nämlich Ihre eigenen Einschränkungen und Grenzen, die Sie durchbrechen möchten, und mit ein wenig Überlegung könnten Sie das tun, ohne Chaos zu verursachen. Sie sind flexibler und offener für neue Ideen als jemals zuvor. Diese neue Einstellung könnte sich in kreativer Arbeit extrem produktiv niederschlagen, denn Sie können jetzt neue Arten und Mittel des Selbstausdrucks erkunden. Schöpfen Sie das Leben jetzt voll aus, denn es hält eine Menge neuer Dinge und Menschen für Sie bereit. Aber treffen Sie keine wichtigen Entscheidungen in Bezug auf Ihre Zukunft, besonders nicht im privaten Bereich. Wenn Sie wirklich ausbrechen wollen, tun Sie es. Aber tun Sie es für sich und nicht in der Hoffnung, dass eine neue Liebe Ihnen die Erlösung bringt. Zurzeit sind wahrscheinlich andere Menschen die Katalysatoren, durch die Sie wachsen: aber sie bleiben vielleicht nicht lange genug bei Ihnen, um Ihnen beim Wachsen zu helfen.

4. Eine zweite grundlegende Kraft

Weil Ihre Welt sich hauptsächlich um emotionale Beziehungen zu anderen dreht, werden Sie gewisse Erfahrungen, die Sie im kommenden Jahr machen, wahrscheinlich als eine anspruchsvolle Herausforderung empfinden. Das kommt daher, dass Sie mit Themen wie Abgrenzung und Selbstgenügsamkeit konfrontiert werden, Themen also, denen Sie normalerweise gern aus dem Weg gehen. Obwohl Sie extrem stark und ausdauernd sein können, wenn Sie sich für andere einsetzen, müssen Sie in den nächsten Monaten mit einem beunruhigenden Gefühl der Isolation fertig werden – nicht unbedingt, weil Sie wirklich allein sind, sondern weil Sie sich emotional auf eigenartige Weise von den Menschen, die Sie lieben, abgeschnitten fühlen. Wenn Sie sich weigern, zu erkennen, dass aus einer emotional unabhängigen Einstellung wichtige und wertvolle Lehren zu ziehen sind, werden Sie von anderen, die nicht immer in der gewünschten Weise auf Sie reagieren, gezwungen, diese Lektionen zu lernen. Versuchen Sie, diese Zeit konstruktiv zu nutzen, und vermeiden Sie Selbstmitleid oder Gefühl, ein Opfer zu sein. Sie werden vom Leben gebeutelt, und das macht Sie realistischer, stärker und weiser und versetzt Sie so in die Lage, innerhalb der Beziehungen, die Ihnen so sehr am Herzen liegen, als unabhängiges Individuum zu leben und zu arbeiten. Wenn Sie jemanden aus Ihrem Leben gehen lassen müssen, versuchen Sie, dies auf würdevolle Weise zu tun. Sie brauchen diese Zeit, um Ihre innere Kraft zu erkennen, anstatt sich wie bisher auf die Sicherheit zu verlassen, die andere Ihnen geben. In dieser Phase könnten Sie ganz groß herauskommen, und jedes unglückliche Gefühl, das Sie erfahren, wird vorübergehen; die Charakterstärke, die Sie jetzt gewinnen, wird Ihnen jedoch erhalten bleiben.

5. Konstruktive Veränderung

Ein wichtiger, wenn auch subtiler Befreiungsprozeß geht in Ihnen vor, und Sie sind möglicherweise in der Lage, sich von bestimmten, verkrampften oder bedrückenden Strukturen zu befreien, ohne die Stabilität Ihres Lebens zu gefährden. Normalerweise besteht ein Konflikt zwischen dem Alten und dem Neuen, und wir müssen uns für das eine oder andere entscheiden. Aber für Sie sind die beiden im Moment kein Widerspruch, und Sie könnten neue Wege finden, innerhalb Ihrer eigenen Grenzen und den Grenzen, die Ihnen die Welt um Sie herum setzt, zu arbeiten. Sie sind besonders erfinderisch, wenn es darum geht, Veränderungen an den materiellen Strukturen Ihres Lebens vorzunehmen, ohne sich von Ihrer Sicherheit oder den Menschen, die Ihnen wichtig sind, trennen zu müssen. Gerade weil Sie im Moment das Gefühl haben, alles bewältigen zu können, könnten Sie Fortschritte erzielen, an die Sie in der Vergangenheit nicht einmal zu denken gewagt haben.

Das bezieht sich möglicherweise auf Ihre Einstellung zur Innenwelt, die sowohl Selbstbeherrschung als auch Selbstverwirklichung beinhaltet. Die Ausgeglichenheit, die jetzt in Ihnen herrscht, könnte sich als extrem produktiv erweisen, wenn Sie gewillt sind, Veränderungen in Ihrem Leben vorzunehmen. Auf der am tiefsten liegenden Ebene finden die Veränderungen schon jetzt in Ihnen statt; die Wurzel des Wandels liegt in einer Lockerung Ihrer Abwehrmechanismen gegenüber dem Leben und ein stärkeres Vertrauen in Bereichen, in denen Sie sich bisher ängstlich und verunsichert gefühlt haben. Weil Sie Ihre eigene Verwundbarkeit jetzt nüchtern und objektiv betrachten können, können Sie neue Erfahrungen und Ideen erkunden, von denen Sie sich früher bedroht gefühlt haben. Sie haben immer versucht, sowohl vernünftig als auch innovativ zu sein; im Moment haben Sie die freie Wahl, beides gleichzeitig zu sein. Ihre derzeitige Sichtweise Ihres eigenen Lebens ist wahrscheinlich umfassend und objektiv, und Sie sind kein Opfer Ihrer eigenen Ängste und Vorurteile. Sie können Möglichkeiten finden, innerhalb des Rahmens Ihrer bekannten Grenzen und Stärken neue Fähigkeiten zum Ausdruck zu bringen. Realismus und Idealismus arbeiten in Ihnen zurzeit Hand in Hand; nutzen Sie beide, um das Beste aus dieser kreativen Phase herauszuholen.

6. Einsamkeit und Unabhängigkeit

Sie beenden jetzt einen Lebenszyklus und beginnen einen neuen. Dieser Übergang kann manchmal mit körperlicher Erschöpfung oder Traurigkeit einhergehen. Auch wenn Sie das Gefühl haben, mit Ihnen würde etwas nicht stimmen – Sie sind psychisch völlig in Ordnung. Sie empfinden wahrscheinlich gerade ein starkes Gefühl des Getrenntseins, das Erinnerungen an längst vergessene oder überwunden geglaubte Erfahrungen der Einsamkeit oder Verlassenheit aktivieren kann. Wir alle haben unsere Idealvorstellungen und Phantasien, in denen unsere Bedürfnisse auf vollkommene Weise durch andere erfüllt werden. Im Laufe der Zeit mögen einige dieser Phantasien auf Grund unserer Erfahrungen platzen wie eine Seifenblase, doch treten dann andere an ihre Stelle. Nun dringt die kalte Realität zu Ihnen durch; selbst wenn Ihre äußeren Lebensumstände bequem und sicher sind, können Sie sich ziemlich unglücklich oder einsam fühlen. Zurzeit erleben Sie, ganz klar und bewusst, sich selbst als getrennt von Ihren Lieben und außerhalb der Gemeinschaft. Alte Erinnerungen können plötzlich auftauchen, besonders aus Zeiten, in denen Sie sich ängstlich fühlten und von Emotionen aus Ihrer unmittelbaren Umgebung überwältigt wurden, die Sie nicht verstanden. Auch wenn Sie die tatsächlichen Ereignisse vergessen haben, könnten Ihre gegenwärtigen Gefühle Erinnerungen an Ihre frühe Kindheit sein, als Sie den unausgesprochenen Konflikten und emotionalen Kämpfen in Ihrer Umgebung ausgesetzt waren.

Sie können aus dieser Zeit das Beste machen, wenn Sie verstehen, dass sie eine Zeit der Selbstbeobachtung und vielleicht auch des Alleinseins ist. Sie könnten jetzt lernen, alleine zu sein, ohne sich einsam zu fühlen. Möglicherweise stürzen Sie sich Hals über Kopf in eine neue

Beziehung, um den deprimierenden Gefühlen, die Sie jetzt wahrscheinlich erleben, zu entkommen. Der neue Partner könnte eine Art Ersatzvater sein, auch wenn Sie dieses Element der Anziehung vielleicht nicht erkennen. Deshalb wäre es auch möglich, dass Sie sich zu jemandem hingezogen fühlen, der wesentlich älter ist als Sie oder Ihnen materielle Sicherheit bietet. Es könnte auch jemand sein, der Sie dringend braucht und Ihnen das Gefühl gibt, stark und verlässlich zu sein. Eine solche Beziehung kann sich als sehr positiv und dauerhaft erweisen. Aber keine Beziehung kann Sie vor einer tieferen Begegnung mit Ihrem eigenen innersten Wesen bewahren. Selbst wenn ein geliebter Mensch Trost zu bieten scheint, werden Sie sich früher oder später mit sich selbst konfrontiert sehen. Sind Sie jedoch gewillt, diese Zeit ruhig und besinnlich zu verbringen, so können Sie tiefere Einsichten über Ihre wahren Anlagen und Stärken gewinnen. Dabei wird Ihnen vielleicht erst richtig bewusst, dass es einen soliden und widerstandsfähigen Kern in Ihnen gibt, der allen Schwierigkeiten des Lebens trotzen kann.

III. Die verschiedenen Lebensbereiche

1. Der Gefühlsbereich

a) Abenteuerlust

Sie sind im Moment wahrscheinlich in einer abenteuerlustigen Stimmung. Das geht aber nicht so weit, dass Sie in Ihrem Leben Krisen oder Konflikte heraufbeschwören würden. Auf stille Weise scheint sich eine Befreiung in Ihnen anzubahnen. Vielleicht verhalten Sie sich in persönlichen Angelegenheiten distanzierter und objektiver und sind offener für konstruktive Veränderungen in Ihren Beziehungen. Möglicherweise lernen Sie aufregende und vielleicht unkonventionelle Leute kennen, deren Gesellschaft Sie genießen, und die Ihnen neue Ideen und eine inspirierte Denkweise nahebringen. Nichts von alledem dürfte Ihre gewohnte Lebensform und Ihre emotionalen Bindungen nennenswert beeinträchtigen. Doch Sie können jetzt alte festgefahrene Einstellungen aufgeben, weil Ihr Verständnis über die unmittelbaren persönlichen Angelegenheiten hinausreicht.

Vielleicht beginnen Sie eine unkonventionelle Liebesaffäre oder fühlen sich besonders inspiriert und voll neuer kreativer Ideen. Es könnte gut sein, dass Ihr emotionales, intellektuelles oder spirituelles Erwachen durch andere Menschen beschleunigt wird. Plötzlich erscheint Ihnen die Welt viel größer und faszinierender als vorher, und Sie wundern sich vielleicht, warum Sie das bislang nicht erkannt haben. Zurzeit kommt es zu einem harmonischen Zusammenwirken zwischen Ihren Bedürfnissen und Empfindungen und Ihrem Wunsch nach Veränderung und Fortschritt. Daher fühlen Sie sich wahrscheinlich zu solchen Menschen,

Situationen und geistigen oder spirituellen Bereichen hingezogen, die nicht nur geistig anregend, sondern auch emotional befriedigend sind. Vielleicht sind Sie besonders daran interessiert, mehr über den Menschen zu erfahren. Das kann durch Psychologie, Astrologie und andere Denksysteme geschehen, welche weitreichend und tiefgründig die Strukturen erläutern, die im Leben wirken. Genießen Sie diese kreative Zeit, in der sich Ihr Denkvermögen und Ihre Seele über die unmittelbaren emotionalen und materiellen Angelegenheiten erheben und in klarere, freiere Lüfte entschweben können.

b) Frei von den Schatten der Vergangenheit

In den nächsten Wochen dürften Sie viele Einsichten in Ihre Vergangenheit gewinnen und die Erlebnisse und Erfahrungen, die Ihre Einstellung zum Leben geprägt haben, durchschauen. Viele dieser Einsichten könnten Sie als äußerst unbequem empfinden. Wenn Sie nämlich erkennen, wie viele Ihrer Möglichkeiten ungelebt und unerforscht sind und brachliegen, könnten Sie sich gleichzeitig alter Verletzungen und Altlasten von Bitterkeit und Ärger bewusst werden, die daher rühren, dass Sie mit den unfairen Aspekten des Lebens konfrontiert wurden. Emotional gesehen könnte es im Moment nicht gerade leicht sein, weil Kontakte mit diesen Ebenen der Psyche schmerzhafte Gefühle an die Oberfläche bringen könnten. Nichts kann jedoch heilen, das nicht bewusst gemacht wurde. Und wenn Sie sich auf den Prozess einlassen, Ihre Vergangenheit neu zu bewerten, und sich darüber klar werden, wie diese Ihre Gegenwart und möglicherweise sogar Ihre Zukunft beeinflusst, könnte sich dies als unmittelbar heilsam herausstellen und sowohl emotional als auch spirituell eine große Ablösung darstellen.

Wahrscheinlich verspüren Sie eine große Unsicherheit und eine starke Abwehr gegenüber dem Platz, den Sie in Ihrer Gruppe oder Gemeinschaft einnehmen, sowie einem Gefühl, anders als andere zu sein oder im Abseits zu stehen. Grund hierfür sind wahrscheinlich längst vergessene Erfahrungen dieser Art. Allerdings besteht jetzt die Möglichkeit, sie wieder aus der Erinnerung hervorzuholen und in einem ganz neuen Licht zu sehen. Jetzt könnten Sie erkennen, dass alles, was bisher scheinbar nur unfaire Zufallsereignisse waren, miteinander verbunden ist und einen Sinn hat. Ganz tief in Ihrem Inneren hat der Prozess, den Sie jetzt durchmachen, mit einer Transformation Ihrer

Lebenseinstellung zu tun. Jetzt geht es darum, in diese Lebensphilosophie nicht nur das, was und woran Sie glauben möchten, einzubeziehen, sondern auch die Realitäten des Lebens, einschließlich seiner scheinbaren Ungerechtigkeiten, wahrzunehmen und zu respektieren. Äußere Umstände können jetzt als Auslöser für diesen Prozess der Seelensuche fungieren, aber ein solcher Auslöser muss nicht unbedingt schmerzhaft sein. Es könnte sich auch um einen glücklichen Umstand oder einen unerwarteten materiellen Gewinn handeln. Wie immer jedoch der äußere Auslöser aussehen mag: im Mittelpunkt steht der dringende Wunsch, im Leiden einen Sinn zu erkennen. Und deshalb könnte auch ein „Happy-End" unglückliche Erinnerungen an die Oberfläche schwemmen.

Im Moment könnte es wichtig für Sie sein, aktuelle Erfahrungen oder Ereignisse in einem breiteren, vielleicht auch religiösen oder spirituellen, Zusammenhang zu sehen. Brennpunkt Ihrer Überlegungen könnte das Thema der Sinnhaftigkeit und die Frage, wo Ihre Grenzen liegen, bilden. Diese Phase könnte sie auch mit einer ehrlichen und realistischen Einschätzung der Frage konfrontieren, wo die Grenzen Ihrer Persönlichkeit liegen, und mit der Notwendigkeit, diese Grenze zu akzeptieren, wann immer Sie eine Zukunftsvision formulieren. Woran glauben Sie wirklich? Inwiefern haben bisher unglückliche Ereignisse Ihr Vertrauen gegenüber dem Leben und Ihren Mitmenschen beeinflusst? Tragen Sie vielleicht insgeheim noch einen Rest uneingestandenen Zynismus oder Misstrauen mit sich herum, welche durch Ereignisse entstanden sind, die sich nicht wegrationalisieren lassen? Stellen Sie sich diese Fragen vor allem, wenn durch ein schmerzhaftes Ereignis oder einen Beziehungskonflikt übertriebener Ärger oder Schmerz ausgelöst werden. Sicher mag mancher emotionale Konflikt Teil der äußeren Zeitqualität sein. Die wahre Aufgabe, die sich aus dem ergibt, was Ihnen jetzt widerfährt, liegt jedoch darin, dass Sie eine eigene Weltanschauung entwickeln und lernen sollen, die größeren und sinnvollen Zusammenhänge des Lebens zu verstehen.

c) Die Krise in Szene setzen

Jetzt könnten Sie sich enormen Gefühlsschwankungen ausgesetzt sehen, von dem Gefühl höchster Lebendigkeit und größtem Schwung bis zu dem tiefster Unzufriedenheit. Sie suchen jetzt vielleicht neue Gefühlserfahrungen und neue Ausdrucksmöglichkeiten, und das könnte auch heißen, dass Sie alte Muster verändern und sich mit neuen auseinandersetzen. Vielleicht wollen Sie auch die Kuh essen und gleichzeitig weiterhin ihre Milch trinken, d.h. den Status Quo erhalten und gleichzeitig Neues ausprobieren. Dabei ist es nicht verwunderlich, dass dies die Menschen, die Sie lieben, verärgert oder verletzt. Vielleicht empfinden diese nämlich Ihr Verhalten jetzt als ganz besonders egozentrisch und gefühllos – auch wenn Sie eher gegenteiliger Meinung sind. Im Moment könnten Sie die Dramatik in Ihrem Leben selbst kreieren, vielleicht weil Sie sich nach gefühlsmäßiger Anregung sehnen und Ihnen die bekannten und immer gleichen Verhaltensweisen in festen Beziehungen auf die Nerven gehen. Lassen Sie es sich gut gehen, wenn Sie dies brauchen, aber wundern Sie sich nicht, wenn die anderen nicht so reagieren, wie Sie es gerne hätten. Sie sind im Moment wahrscheinlich nicht besonders daran interessiert, sich Gedanken über die Folgen Ihrer eigenen Handlungen zu machen. Allerdings müssen Sie diese wohl mit in Betracht ziehen, wenn Sie Ihre momentane Überschwänglichkeit konstruktiv nutzen wollen.

Bisher fühlten Sie sich vielleicht etwas zu sehr davon abhängig, dass Sie nur dann der Einsamkeit zu entrinnen vermögen, wenn Sie sich in die Traumwelt Ihres Inneren zurückziehen. Jetzt könnten Sie versuchen, ein größeres Gefühl der Freiheit und emotionalen Unabhängigkeit zu erlangen. Aber Sie verlangen auch von allen anderen Menschen, dass sie Ihnen mitfühlend und unterstützend entgegen kommen, selbst wenn Sie sie währenddessen verletzen. Die Veränderungen, die Sie jetzt suchen, sind zweifellos positiv und konstruktiv. Sie haben einen Punkt in Ihrer emotionalen Entwicklung erreicht, an dem Sie wahrscheinlich mehr von sich selbst ausdrücken und neue Muster des Umgangs miteinander schaffen müssen. Versuchen Sie auf jeden Fall, sich der Auswirkungen, die Ihr Tun auf Ihre Umgebung hat, bewusst zu werden, und lernen Sie, Ihre Impulsivität durch etwas Rücksichtnahme und Überlegung zu zügeln. Möglicherweise gehen Sie jetzt eine neue Beziehung ein, die neue Anregungen und Abenteuer verheißt. Wenn Sie zurzeit allein sind, genießen Sie diese neue Verbindung, aber verpflichten Sie sich zu nichts, denn die Unverbindlichkeit Ihrer eigenen Gefühle könnte sich auch in der Art der Menschen, die Sie jetzt anziehen, widerspiegeln. Wenn Sie schon in einer festen Beziehung gebunden sind, überlegen Sie es sich genau, bevor Sie in die ausgebreiteten Arme eines anderen Menschen fliegen. Im Moment glauben Sie nämlich vielleicht, Sie hätten ein Recht auf gefühlsmäßige Befriedigung, ohne mögliche Folgen Ihres Tuns ganz in Betracht zu ziehen. Bevor Sie romantischen Träumereien nachhängen, bemühen Sie sich, genau zu erkennen, wonach Sie suchen, wen Sie suchen und warum Sie dies anscheinend zu Hause nicht finden können.

d) Konflikt und Spannung

Sie befinden sich wahrscheinlich in einem Zustand der Unruhe. Sie sind sich Ihrer selbst als ein von anderen getrenntes Individuum bewusst, doch diesem Bewusstsein steht Ihr Bedürfnis nach Harmonie und Nähe gegenüber. Daher neigen Sie dazu, Ihre Gedanken, Gefühle und Wünsche energisch oder sogar aggressiv zur Geltung zu bringen. Gleichzeitig versuchen Sie angestrengt, die Bedürfnisse anderer zu erfüllen. Sie haben wahrscheinlich die Fähigkeit, Ihre Beziehungswünsche und Ihr Bedürfnis nach Selbstausdruck auf taktvolle Weise miteinander zu verbinden. Doch wie sehr Sie auch wünschen mögen, anderen zu gefallen, am meisten brauchen Sie zurzeit Selbstbestätigung. Dazu müssen Sie sich nicht auf irgendeine destruktiv-egoistische Weise behaupten. Seien Sie einfach ganz Sie selbst; Sie stellen eine Persönlichkeit in einem bestimmten Stadium Ihres Lebens dar und bringen die von Ihnen entwickelten Talente und Fähigkeiten zum Ausdruck. Ihr Selbstgefühl stand immer in engem Zusammenhang mit Ihrem moralischen, philosophischen, religiösen und spirituellen Standpunkt. Ihr Entwicklungsweg machte es erforderlich, dass Sie das Leben auf möglichst breiter Basis erforschen. Derzeit spüren Sie vielleicht stärker als je zuvor das Bedürfnis zu reisen – in der Phantasie, tatsächlich, oder auf beide Arten -, um Ihr Wissen zu erweitern und zu vertiefen, selbst wenn dies im Moment eine gewisse materielle Unsicherheit mit sich bringt. Möglicherweise lernen Sie jetzt Menschen kennen, die dieses Selbstbewusstsein auf irgendeine Weise verkörpern. Es ist jedoch anzunehmen, dass der Reiz ambivalent ist und aus einer merkwürdigen Mischung von Faszination und Verdruss besteht. Das bedeutet nicht, dass diese Beziehungen schlecht oder nicht authentisch sind. Aber für Sie ist es jetzt wichtiger, Ihre eigenen, besonderen

Fähigkeiten umzusetzen, anstatt zum treuen Anhänger einer charismatischen oder begabten Persönlichkeit zu werden. Trotz Spannungen und Unbehagen können Sie jetzt neues Vertrauen in sich selbst und das, was Sie zu bieten haben, gewinnen. Sie sollten diese Gefühle nutzen und Ihre kreativen Fähigkeiten so weit wie möglich entfalten. Vielleicht entdecken Sie jetzt schöpferische Ausdrucksmöglichkeiten, die Ihnen neu sind oder die Sie bisher nie probiert haben, weil andere Ihre emotionale Zuwendung, Zeit und Energie in Anspruch nahmen. Diese Zeit könnte auf Grund innerer Konflikte emotional unangenehm sein, aber sie ist bedeutungsvoll. Sie erfassen jetzt nämlich nicht nur intellektuell sondern auch gefühlsmäßig die Grundzüge Ihrer einzigartigen Persönlichkeit und entwickeln eine größere Zielstrebigkeit. Dies hilft Ihnen, Ihre Individualität im Leben voll zum Ausdruck zu bringen.

2. Die körperliche und materielle Ebene

a) Gipfelgefühle und innerliche Abgründe

Das Schwanken zwischen äußerstem Optimismus und äußerstem Pessimismus charakterisiert diesen Zeitabschnitt. Sie möchten einerseits ausbrechen und Ihre Lebensmöglichkeiten erweitern und kennen andererseits die Hemmnisse und Verantwortlichkeiten, mit denen Sie sich abfinden müssen, weil Sie ihnen nicht entkommen können. Dieser Konflikt könnte sich letzten Endes als etwas sehr Positives herausstellen. Zuerst vermittelt er Ihnen jedoch das Gefühl, in allen Handlungen behindert zu werden. Dies gilt besonders, wenn Sie versuchen, Ihre tiefergehenden emotionalen und sexuellen Bedürfnisse auszudrücken. Gerade in dem Moment, wo Sie größere Freiheit beanspruchen und sich der Verwirklichung Ihrer Pläne und Zukunftsträume widmen wollen, scheint etwas zu passieren, das Ihre Handlungsfreiheit einschränkt. Vielleicht sind Sie auch deprimiert und erkennen, dass es Ihnen an Vertrauen in sich selbst und in das Leben mangelt. Ihre Intuition scheint Sie auch im Stich zu lassen und Sie haben das Gefühl, vom Pech verfolgt zu werden. Versuchen Sie, Depression und Vorahnungen nicht als Zeichen dafür zu nehmen, dass ein böses Geschick auf Ihnen lastet, denn dies ist nicht der Fall. Doch während Sie entdecken, dass Sie ein erfüllteres und besseres Leben führen möchten, stehen Sie auch der Herausforderung gegenüber, Ihre Pläne an die Realität anzupassen. Wahrscheinlich müssen Sie auch lernen, sich geduldig an die Arbeit zu machen, und können nicht erwarten, dass das Leben Ihre Wünsche wie durch Zauberhand erfüllt. Durch Ihren Pessimismus können Sie oftmals die guten Dinge, die Sie umgeben, nicht würdigen und empfinden vielleicht auch enge Beziehungen als bedrückend. Vermutlich verhalten sich die anderen wie immer; doch Sie erwarten nun mehr und möchten es auf der Stelle haben – und das geht eben nicht.

Jetzt ist nicht die Zeit, um Geld aufs Spiel zu setzen, dessen Verlust Sie sich keinesfalls leisten können. Hüten Sie sich vor plötzlichen Eingebungen, die Ihnen vorgaukeln, Sie könnten über Nacht reich werden oder ohne Gegenleistung etwas geschenkt bekommen – egal, ob es sich dabei um Geld oder um Ihr Gefühlsleben handelt. Zurzeit gibt es nichts umsonst, und es wäre ratsam, sich nicht als Trost für Frustrationen auf derartige Aktivitäten einzulassen. Versuchen Sie, das bereits Erreichte zu festigen, aber vermeiden Sie möglichst jedes Risiko. Ihr Urteilsvermögen ist jetzt vermutlich nicht sehr zuverlässig, weil es sowohl von Ihren Ängsten als auch von Ihren Wunschträumen getrübt wird. Sie könnten sich auch verzweifelt und hoffnungslos fühlen, und das ist – besonders im Hinblick auf Ihre materielle und emotionale Sicherheit – keine gute Voraussetzung, um wichtige Entscheidungen zu treffen. Ihre Zukunftsvisionen dürften ziemlich trübe ausfallen, da Ihre intuitiven Fähigkeiten nicht ungehindert arbeiten. Vielleicht versuchen Sie, dieser düsteren, verhängnisvollen Atmosphäre durch eine Überschätzung Ihrer Möglichkeiten zu entkommen. Versuche nach einer Ausweitung Ihrer Möglichkeiten führen jetzt zu Frustrationen oder bringen mehr Probleme als Lösungen. Obwohl Sie zurzeit alles andere als geduldig sind, ist Geduld genau das, was Sie am dringendsten brauchen.

Bestimmte Dinge in Ihrem Leben werden jetzt in Frage gestellt und erweisen sich vielleicht als zu schwach oder unrealistisch, um weiterbestehen zu können. Das gilt sowohl für Ihr berufliches als auch für Ihr Privatleben. Wenn Sie sich in einer Beziehung befinden, die auf unrealistischen Erwartungen aufbaut oder voller Widersprüche und Unverträglichkeiten ist und Ihnen lediglich hilft, Einsamkeit oder finanzielle Unsicherheit zu vermeiden, dann könnte es unter dem gegenwärtigen Druck zur Trennung kommen. Wenn Sie versuchen, ein Geschäft in Gang zu halten, das aus unternehmerischer Sicht keine gesunde Grundlage hat, dann könnte es jetzt zusammenbrechen. Sie werden jedoch nichts verlieren, das auf festem Boden steht. Doch jene Faktoren Ihres Lebens, deren solide Basis zehn Prozent ausmacht, während die restlichen neunzig Prozent aus Träumen bestehen, dürften sich als unhaltbar erweisen und müssen wahrscheinlich aufgegeben werden. Vermutlich sind Sie auch ziemlich rastlos und möchten Ihr gegenwärtiges Umfeld verlassen und in eine andere Wohnung, vielleicht sogar in eine andere Stadt oder ein anderes Land ziehen. Das könnte notwendig und richtig sein, aber vergessen Sie nicht: wo Sie auch hingehen, sich selbst nehmen Sie immer mit. Der Konflikt, den Sie jetzt erleben, hat seine Ursachen nicht nur im Druck von außen. Er entsteht durch einen Zusammenprall Ihrer Zukunftshoffnungen mit Ihrer menschlichen Begrenztheit. Wenn Sie jetzt zwischen diesen beiden Faktoren eine gewisse Ausgewogenheit erreichen, dann schaffen Sie damit eine feste Grundlage für alle zukünftigen Unternehmungen.

b) Sich entwurzelt fühlen

Es handelt sich jetzt um einen Zeitraum, in dem Sie möglicherweise auf Konflikte oder Schwierigkeiten sowohl in der Arbeit als auch zu Hause stoßen. Es mag den Anschein haben, als würden Sie in Ihrem Bemühen, bestimmte Ziele zu erreichen, enttäuscht, vielleicht fühlen Sie sich auch entwurzelt, isoliert oder in Familienbeziehungen missverstanden. Lassen Sie es nicht zu, dass Ihre Zerrissenheit oder Enttäuschung Sie in einen Zustand des Selbstmitleides oder des Zorns drängt. Was auch immer sich in Ihrem äußerlichen Leben ereignet – in Ihnen geht eine Veränderung vor sich, die für den Abschluss eines Kapitels in Ihrem Leben steht. Diese Veränderung hat etwas mit dem Bild, das Sie anderen von sich gezeigt haben, und mit der Rolle, die Sie in der Arbeit und in der Gesellschaft gespielt haben, zu tun. In gewisser Hinsicht haben Sie vielleicht versucht, Erwartungen entsprechend zu leben, die von Ihrem Familienhintergrund stammen. Wenn dem so ist, dann sind es diese Erwartungen, die jetzt wahrscheinlich auf dem Prüfstand stehen.

Sie sollten nach innen schauen und sich einige wichtige Fragen stellen, um die Notwendigkeit bestimmter Veränderungen verstehen zu können – unabhängig davon, ob Sie diese Veränderungen selbst veranlasst haben oder ob sie Ihnen aufgezwungen wurden. Ist Ihre Arbeit für Sie wirklich zufriedenstellend und entspricht sie wirklich dem Menschen, der Sie sind? Oder handelt es sich dabei einfach um einen Job oder eine Ausführung elterlicher Hoffnungen und Träume? Wie wollen Sie von anderen gesehen werden? Lässt dieses Bild Sie die wichtigsten Dimensionen Ihrer Persönlichkeit zum Ausdruck bringen? Womöglich versuchen Sie zu sehr, sich als jemanden mit Visionen und umfassendem Verständnis darzustellen, brauchen jedoch jetzt mehr

Beweglichkeit oder die Gelegenheit, diese Eigenschaften auf einer anderen Ebene oder auf andere Art auszudrücken. Wenn Sie umziehen, Ihre Arbeitsstelle entgegen Ihren Wünschen wechseln oder Ihr altes Leben hinter sich lassen müssen, dann versuchen Sie herauszufinden, ob sich solche Umstände für die Zukunft als sehr positiv erweisen könnten oder nicht, unabhängig davon, ob Sie jetzt verärgert und wütend sind. Vielleicht haben Sie das Gefühl, dass in Ihrem Leben etwas Schicksalhaftes am Werk ist, doch es gibt etwas in Ihnen, das weiser und tiefer als Ihr bewusstes Ego ist und das Sie trotz Ihres Widerstandes in die richtige Richtung drängt. Auch wenn diese Phase stürmisch ist, so ist sie doch nicht destruktiv, solange Sie sich nicht selbst angesichts einer bedeutenden Herausforderung in Ihrem Leben auf destruktive Weise verhalten.

3. Der Verstandesbereich

a) Tolle Ideen

Offenbar scheint es das Leben jetzt gut mit Ihnen zu meinen. Vermutlich fühlen Sie sich ungewöhnlich optimistisch und sind bereit, das Leben unter einem mehr philosophischen Blickwinkel zu betrachten. Probleme, die in der Vergangenheit nur deprimierend waren, erscheinen Ihnen jetzt vielleicht wie Lektionen, aus denen Sie lernen und an denen Sie wachsen können. Wahrscheinlich fühlen Sie sich unruhig, doch nicht auf störende Weise – Ihre Unruhe wird Sie eher dazu antreiben, die Welt zu erforschen und aus einer weniger persönlichen, sondern eher universalen Perspektive mehr über das Leben zu lernen. Auch Ihre Intuition wird lebhaft aktiv sein und Ihnen helfen, Verbindungen zwischen verschiedenen Tatsachen und Erfahrungen herzustellen, so dass Sie plötzlich Strukturen sehen, wo Sie vorher vielleicht nur blinden Zufall und beliebige Informationen sahen. Vermutlich neigen Sie auch dazu, tiefergehende Überlegungen zu gewichtigeren Dingen anzustellen, denn jetzt sind Sie in der Lage, über Ihre unmittelbare eigene Erfahrung hinaus die tiefere Bedeutung religiöser Symbole und Vorstellungen zu erforschen. Vielleicht haben Sie auch in mancher Hinsicht das Gefühl, eine besonders glückliche Hand zu haben, obwohl das, was in Ihrem Leben gerade wirksam ist, eigentlich nichts mit Glück zu tun hat. Doch es könnten sich plötzlich ungeahnte Möglichkeiten auftun, die Ihnen zuvor schier unlösbar erschienen waren. Was so aussieht, als stünden Ihre Unternehmungen unter einem glücklichen Stern, hat mehr mit Intuition, Aufnahmebereitschaft und einer positiven, ganzheitlichen Einstellung zu tun.

Natürlich können Sie einfach das Hochgefühl dieser Zeit genießen, solange sie anhält. Doch wenn Sie klug sind, werden Sie versuchen, von den gebotenen Möglichkeiten zu profitieren – besonders von jenen, die mit der Entwicklung neuer Fähigkeiten sowie mit neuen Interessens- und Studiengebieten zu tun haben. Obwohl sich daraus vielleicht keine unmittelbaren materiellen Vorteile ergeben, schaffen Sie sich doch eine Grundlage für die Zukunft, denn selten waren Sie so offen für die mögliche Fülle und Freude des Lebens. Das Reisen könnte Ihnen jetzt besonders wichtig sein, nicht nur weil es Spaß macht, sondern auch, weil Sie auf diese Weise neue Kontakte knüpfen und eine umfassendere Weltanschauung gewinnen können, was Ihnen beides später von großem Nutzen sein wird. Sie sollten nicht einfach auf Ihr Glück vertrauen und Ihr Geld und Ihre Möglichkeiten aufs Spiel setzen; das kann zwar vorübergehend Spaß machen und vielleicht auch Ertrag bringen, doch es kann sich auch als Zeitverschwendung erweisen und Sie mehr kosten, als Sie sich leisten können. In dieser Zeit geht es nicht darum, „den schnellen Reibach“ zu machen. Sie können Ihre Grundhaltung jetzt wesentlich vertiefen und erweitern und all das intellektuelle und kreative Potential hervorholen, das noch weiter bearbeitet und ins Leben integriert werden muss. Nehmen Sie diese Zeit ernst, denn sie bietet Ihnen einen Ausblick auf eine mögliche Zukunft, für die Sie jetzt den Grundstein legen können. Alles, was Sie jetzt lernen und entdecken, wird sich wahrscheinlich als bleibender Bestandteil Ihrer Weltanschauung erweisen, der Ihr Leben auf viele Jahre hinaus bereichern wird.

b) Sorgen und Ahnungen

Ihre Gedanken sind im Moment eher negativ und Sie werden vielleicht von Sorgen geplagt – sogar, wenn Sie gar keine Probleme haben. Sie beschäftigen sich sehr viel mit den Ungerechtigkeiten des Lebens oder der Unfreundlichkeit anderer Menschen; vielleicht machen Sie sich auch Sorgen über Ihre Gesundheit oder Ihre finanzielle Situation. Obwohl Sie in diesem Zeitraum mit Problemen, die von außen kommen, zu kämpfen haben könnten, könnten Sie gleichzeitig diese Phase nutzen, um über Ihre Denkweise und Ihre Ansichten nachzudenken. Wenn Sie zulassen, dass Zynismus Ihre Gedanken beeinflusst, könnten Sie sich noch größere Probleme schaffen, indem Sie Streit und Missverständnisse provozieren oder finanzielle und berufliche Angelegenheiten falsch einschätzen. Auf einer tiefer gehenden Ebene werden Ihre gewohnte Denkweise und Ihre Ansichten in Frage gestellt, und es ist vielleicht notwendig, dass Sie Ihre Lebensanschauung anpassen oder radikal verändern, um der Vielschichtigkeit des Lebens gerecht zu werden.

Sie machen sich vielleicht besonders viele Sorgen über rechtliche Angelegenheiten, Schwierigkeiten auf Reisen oder eine allgemeine Störung in Ihren langfristigen Plänen, und Sie müssen diesbezüglich vielleicht ziemlich komplizierte Probleme lösen. Aber ungeachtet der Umstände ist es wichtig, Ihre zugrunde liegenden Meinungen und Urteile in Betracht zu ziehen. Vielleicht werden Sie jetzt mit den Konsequenzen einer Reihe von Entscheidungen konfrontiert, die Sie in der Vergangenheit getroffen haben und die auf einer eingeschränkten Geisteshaltung begründet waren; diese Entscheidungen tragen zu Ihrer jetzigen Situation bei und sind vielleicht sogar der Grund für die Dinge, mit denen Sie sich jetzt in Ihrer Außenwelt beschäftigen müssen. Sie haben das Gefühl, das Leben wolle sie verletzen und es ist möglich, dass eine Trennung oder ein Konflikt mit einem Menschen, der Ihnen nahesteht, dazu geführt hat, dass Sie besonders bitter oder zynisch über Beziehungen denken. Versuchen Sie, verletzende oder sarkastische Bemerkungen für sich zu behalten. Sie würden sich dadurch nicht besser fühlen und könnten die Kluft sogar vergrößern; es wäre produktiver, mit mehr Flexibilität und Verständnis zu reagieren. Ihr Hauptproblem ist im Moment Ihre eigene Sichtweise, die durch unbewusste Überzeugungen aus einer schmerzlichen Vergangenheit beeinträchtigt ist. In gewisser Hinsicht kommt die Vergangenheit jetzt noch einmal auf Sie zu; und wenn Sie die Quelle für Ihre Bitterkeit, die Rachegefühle und den Zynismus aufspüren können, gelingt es Ihnen, viele tiefverwurzelte negative Urteile über das Leben zu revidieren.

c) Ein Blick unter die Oberfläche

Ihre bisherigen Einstellungen und Denkweisen werden in diesem Zeitraum vermutlich radikal herausgefordert und transformiert. Ihr Geist wendet sich ernsthaften Dingen und schwerwiegenderen Lebensfragen zu, und Sie suchen nach einem tiefer gehenden Verständnis von sich selbst. Es mögen äußerliche Ereignisse von nüchterner oder gedankenprovozierender Art sein, die Auslöser für diese Innenschau sind. Es kann aber auch sein, dass die Ereignisse – sofern es welche gibt – die Intensität Ihrer Reaktionen gar nicht verdienen. Auf einer tiefer liegenden Ebene wachsen Sie aus bestimmten alten Sicht- und Wahrnehmungsweisen heraus. Wenn Sie das erkennen können und es Ihnen gelingt, vormals gehegte Einstellungen aufzugeben, dann werden Sie merken, dass sich diese Zeit letztlich als extrem befreiend und transformierend erweisen wird, insbesondere im Hinblick auf Ihre spirituellen und moralischen Auffassungen und Überzeugungen.

Doch möglicherweise erkennen Sie anfangs nicht die Gelegenheiten, die sich Ihnen bieten, weil Sie zuerst etwas aufgeben müssen, um Platz für eine neu zu entwickelnde Perspektive zu schaffen. Vielleicht fühlen Sie sich dadurch beängstigt und bedroht, besonders wenn Sie einen Verlust, eine Trennung oder irgendeinen Konflikt erleben. Ihre Reaktion könnte so aussehen, dass Sie gegen die Umstände ankämpfen oder sich auf eine misstrauische, negative Haltung anderen gegenüber zurückziehen. Festgefahrenes Denken könnte Ihre Fähigkeiten beeinträchtigen, anderen zuzuhören oder Ihre Ansichten auf ausgeglichene Art zum Ausdruck zu bringen. Vielleicht sind Sie dem Leben gegenüber besonders schwermütig eingestellt und quälen sich mit düsteren Gedanken. Vielleicht halten Sie es auch für gerechtfertigt, sich ausweichend oder manipulierend zu verhalten, um sich vor dem zu schützen, was Sie als bösartige oder argwöhnische Beweggründe anderer deuten. Vielleicht sind Sie auch mit den Folgen einer langen Kette von Entscheidungen konfrontiert, die Sie in der Vergangenheit getroffen haben und die auf alten Einstellungen beruhen, welche jetzt ihren Tribut fordern. Wenn dem so ist, dann versuchen Sie, würdevoll hinzunehmen, was Sie nicht ändern können, und das loszulassen, was Sie nicht festhalten können. Es ist sicherlich klug, auf Machtkämpfe, auf ausweichendes und auf kontrollierendes Verhalten zu verzichten, weil Sie damit Feindseligkeit und Widerstand bei anderen hervorrufen könnten. Vielleicht sollten Sie jetzt eher in psychologischen Kategorien anstatt defensiv denken. Wenn Sie bei der Erkundung Ihrer eigenen verborgenen Tiefen Hilfe brauchen, dann suchen Sie sich diese Hilfe, und lassen Sie sich weder durch Stolz noch durch übertriebenen Pragmatismus aufhalten. Je mehr Einsichten Sie gewinnen, desto produktiver wird diese Zeit für Sie sein.

4. Die spirituelle Ebene

a) Subtile Richtungsveränderungen

Ihre Ausrichtung unterliegt wahrscheinlich gerade einer Veränderung, und Sie neigen dazu, Ihre Rolle im Leben als das, was Sie anderen zu bieten haben, zu begreifen. Weil Sie momentan phantasievoller und offener für die Bedürfnisse anderer sind, wollen Sie dieses vergrößerte Feingefühl wohl auch in der Arbeit einsetzen, insbesondere wenn Sie dadurch die Möglichkeit haben, anderen zu dienen, z. B. durch die Heilkünste. Vielleicht wollen Sie einfach Ihre umfassendere Vorstellung in das, was Sie bereits tun, integrieren, oder Sie fühlen sich von einem helfenden oder heilenden Beruf als direktem Mittel, anderen zu dienen, angezogen. Ihr Bedürfnis, mit anderen zu tun zu haben, ist momentan wahrscheinlich sehr groß, und zwar nicht nur, weil Sie sich jetzt wohl mehr als gewöhnlich des Unglücks in der Welt bewusst sind und etwas zu dessen Linderung beitragen wollen, sondern auch, weil Ihre emotionalen Bedürfnisse jetzt betont sind und Sie sich wünschen, Teil des Lebens der Welt, die Sie umgibt, zu sein.

Die Veränderung, die in Ihnen stattfindet, birgt eine Schwierigkeit. Auch wenn das Leben momentan zauberhaft und zutiefst bedeutungsvoll zu sein scheint und unvorhergesehene Gelegenheiten und Vorteile Ihnen das Gefühl geben, dass alles einer Absicht folgt, sind Sie vielleicht ein wenig zu idealistisch. Treiben Sie es mit Ihren Phantasien nicht zu weit, und wenden Sie sich nicht von Strukturen und Errungenschaften ab, die Sie in jahrelanger harter Arbeit geschaffen haben. Wenn die Zeit der Verzauberung vorüber ist, könnten Sie es bedauern, dass Sie diese Dinge aufgegeben haben. Sie sollten mit einem Bein fest auf der Welt der Materie stehen bleiben, während Sie mit dem anderen das Unaussprechliche verfolgen, so dass Sie Ihre Wirklichkeit im Griff behalten, Ihre Verpflichtung gegenüber dem gegenwärtigen Leben bewahren und gleichzeitig Ihre Vision erweitern und vertiefen. Nehmen Sie sich in acht vor zweifelhafte finanziellen Angelegenheiten und Liebesabenteuern und vor Menschen, die Ihnen etwas versprechen, ohne jegliche Gegenleistung zu erwarten. Sie brauchen ein Gefühl für den Sinn, das dem, was Sie tun, Würde und Zweck verleiht. Sie müssen aber auch Ihre eigenen Grenzen und die anderer objektiv sehen. Nur wenn Ihnen Ihre Arbeit zutiefst missbehagt und lediglich zum Geldverdienen dient, sollten Sie in Betracht ziehen, wichtige Strukturen aufzugeben und einen sinnvolleren Weg einzuschlagen. Auch wenn Sie es „spirituell" finden, Opfer zu bringen – nehmen Sie keine Märtyrerhaltung ein. Ihre Beweggründe sind vielleicht nicht so klar, wie Sie denken. Halten Sie Ihr Gleichgewicht und treffen Sie keine übereilten Entscheidungen, die bestehende Strukturen zerstören, es sei denn, Sie wissen ganz sicher, wodurch Sie diese ersetzen können.

b) Hürden im Laufschritt nehmen

Zurzeit könnten Sie extrem ungeduldig und veränderungsbereit sein und heftig gegen jegliche Einschränkung in Ihrem Leben ankämpfen. Vielleicht brauchen Sie mehr Freiheit und sind wahrscheinlich auch entschlossen, sich dafür einzusetzen, selbst wenn das bedeutet, dass Sie in Liebesdingen oder in Ihrer kreativen Arbeit äußerst unkonventionell oder widerspenstig vorgehen. Dieses Bedürfnis nach Veränderung, kommt – auch wenn Sie es zu vermeiden oder zu unterdrücken suchen – thematisch sowieso auf Sie zu. Denn die Menschen in Ihrer Umgebung dürften Ihre verborgene Unruhe und Frustration spüren und dadurch vielleicht unkalkulierbare Reaktionen zeigen. Es ist auch möglich, dass Ereignisse in der Außenwelt zu plötzlichen Veränderungen in Ihrem Privatleben führen, was Sie zunächst als störend oder unerwünscht, zumindest als höchst unerwartet empfinden dürften. Aber es ist einfach so, dass Sie jetzt manche alte Struktur oder sogar eine Beziehung, die ihren Zweck erfüllt hat, loslassen müssen. Was immer jetzt hervor kommt: das vorherrschende Gefühl in Ihnen wird wohl eine immense Erleichterung sein, selbst wenn dies auf irgendeine Art mit Verlust oder Trennung verbunden ist, denn möglicherweise haben Sie über eine lange Zeit den Druck, der sich jetzt entlädt, aufgebaut. Sie verfügten schon immer über eine ausgeprägte Intuition und ein Gespür dafür, wann die Zeit zum Weitergehen reif ist – selbst wenn praktische Belange oder emotionale Bindungen Sie da festgehalten haben, wo Sie eigentlich schon längst nicht mehr hätten sein wollen. Wenn Sie jetzt aufmerksam auf diese Stimme der Intuition hören, dürften Sie erkennen, dass jede Veränderung, die jetzt in Ihrem Leben stattfindet, von Ihnen insgeheim oder offen gewünscht und gebraucht wird, damit Sie wachsen und Ihr Potential entwickeln können.

Jetzt könnte eine ungeheuer kreative und befreiende Zeit sein, sofern Sie nicht wild herumtoben und alle Strukturen niederreißen, die Sie in Ihrem Leben brauchen. Üben Sie sich jetzt in Geduld und Überlegtheit, damit Sie konstruktive Entscheidungen treffen können, anstatt sich als handlungsunfähiges Opfer der Veränderungen zu fühlen, die Sie zwar im Innersten wünschen, sich aber nicht eingestehen können. Es ist jetzt auch ein Zeitpunkt, da Sie sich ganz besonders idealistisch fühlen. In Ihrem Innersten verspüren Sie womöglich den Wunsch, die Ihrem Leben innewohnende tiefere Bedeutung wahrzunehmen. Vielleicht beschreiten Sie einen spirituellen Pfad oder engagieren sich in einer ideologischen Sache, die Ihrem Leben breitere Perspektiven zu eröffnen verspricht. Sie könnten jetzt neue Ideen oder neue Menschen kennenlernen, deren Vision und Weltanschauung Ihnen aufregend erscheint. Zwar sollten Sie den Idealen, die Sie jetzt womöglich übernehmen, kritisch gegenüberstehen, aber dennoch dürfte dies eine ausgezeichnete Zeit sein, um die Welt des Geistes zu erkunden und genauer unter die Lupe zu nehmen, woran Sie wirklich glauben. Auf tiefster Ebene ist es nicht so sehr Ihre Lebensform, die einer gründlichen Überprüfung bedarf, als vielmehr Ihre Haltung gegenüber dem Leben.

c) Das Ende eines Traums

Es handelt sich jetzt um einen Zeitraum, in dem Sie mehr Träume haben, wahrscheinlich aber auch Enttäuschungen erleben und n dem Sie mit Ihrer romantischen Ader und mit Ihrer Bedürftigkeit in Berührung kommen. So eine Erfahrung kann ebenso eine tiefgreifende Heilung bewirken wie zutiefst beunruhigend sein, weil Sie jetzt wahrscheinlich mehr vom Leben und von anderen wollen, als irgendjemand Ihnen geben kann. Das Kind in Ihnen ist erwacht und momentan sehr machtvoll, und all die Sehnsüchte aus der Kindheit – die vollkommene Liebe und das vollkommene Glück in einer vollkommenen Welt zu finden – sind jetzt angesprochen. Ihre Phantasie und Ihre Offenheit für das Reich spiritueller Erfahrungen sind jetzt ebenfalls sehr ausgeprägt. Diese Zeit eignet sich auch hervorragend dafür, Ventil für Ihre Kreativität zu finden und ein tieferes spirituelles Verständnis zu gewinnen. Doch es sind Ihre Beziehungen zu anderen Menschen, wo Sie möglicherweise sehr enttäuscht werden. Sie haben wohl immer schon dazu geneigt, den Alltag als etwas Geheimnisvolles und Zauberhaftes zu verherrlichen, auch wenn Sie sich Ihrer geheimen Hoffnungen und Erwartungen nicht bewusst waren. Jetzt prallt Ihr Idealismus womöglich mit der Realität zusammen, und Sie müssen manche Ihrer kindlichen Sehnsüchte aufgeben und gleichzeitig die Schönheit und den Wert, die sie doch bergen, anerkennen.

Möglicherweise geht in diesem Zeitraum eine langjährige Beziehung zu Ende, und das enttäuscht Sie und gibt Ihnen das Gefühl, dass Sie zu naiv waren. Doch zynisch zu werden, hilft Ihnen nicht dabei, mit dieser Situation umzugehen. Ihre höchsten Ideale sind es wert, respektiert und als verbindlich betrachtet zu werden. Sie müssen aber auch erkennen, dass sie von Menschen nicht erfüllt werden können, wie sehr diese es auch versuchen mögen. Auf einer ganz tiefgreifenden Ebene kann Ihnen das, was in diesem Zeitraum geschieht, bewusst machen, wie Sie insgeheim gehofft haben, dass etwas oder jemand Sie erlösen, Ihrem Leben Zauber und Sinn verleihen und Sie von Einsamkeit und Konflikten heilen würde. Vielleicht haben Sie spirituellen Trost bei Menschen und Dingen gesucht und sind jetzt enttäuscht, weil diese Sie im Stich gelassen haben. Wenn Sie Ihre Enttäuschung persönlich nehmen, könnten Sie Ihren Ärger und Ihre Verbitterung noch verstärken und damit Ihre zerbrechlichen Träume zerstören und es sich selbst erschweren, an das Leben zu glauben. Es war nicht falsch von Ihnen, zu träumen. Aber Sie waren möglicherweise unrealistisch im Hinblick auf die Orte und Menschen, mittels derer Sie Ihre Träume erfüllen wollten.

Versuchen Sie, Ihren Blick jetzt nach innen zu richten, anstatt sich darüber aufzuregen, dass Sie sich hintergangen oder enttäuscht fühlen. Sie können eine ganze Menge über Ihre höchsten Werte lernen, und das könnte Ihnen den Rahmen für ein wachsendes Gefühl für den Sinn des Lebens geben. Sie können auch sehr viel über Ihr Mitgefühl lernen, und zwar nicht nur für diejenigen, deren einziger „Fehler" darin besteht, dass sie Menschen sind, sondern auch für sich selbst, weil Sie womöglich nicht ganz so stark und unabhängig sind, wie Sie gedacht haben. Ihre Sehnsucht nach Transzendenz wir von allen Menschen geteilt. Sie haben es mit dem grundlegenden menschlichen Bedürfnis, einer größeren Einheit anzugehören, zu tun. Doch dieser Zeitraum könnte Sie lehren, dass Sie diese Einheit nicht durch Ersatzbefriedigungen erleben können. Vielmehr muss sie aus dem Inneren Ihrer Seele kommen. Je realistischer und weltverbundener Sie in der Vergangenheit waren, desto überraschender und verwirrender werden die Einsichten dieses

Zeitraums wahrscheinlich sein. Versuchen Sie, diese Einsichten zu nutzen, sich besser zu verstehen. Das Leben wird Sie jetzt nicht wirklich im Stich lassen. Es offenbart sich nur als etwas wesentlich Vielschichtigeres und Geheimnisvolleres, als Sie bislang dachten.

d) Nur der Himmel ist die Grenze

Jetzt kommt wahrscheinlich eine Zeit der Rastlosigkeit und des Bedauerns auf Sie zu, in der Sie sich all der vertanen Chancen und der unentwickelten Potentiale bewusst werden dürften. Obwohl eine solche Unzufriedenheit weder negativ noch ganz unbegründet ist, sollten Sie doch in den nächsten Wochen Ihr Leben noch einmal sorgfältig unter die Lupe nehmen und herausfinden, ob Sie jetzt wirklich radikale Veränderungen vornehmen müssen. Vielleicht sollten Sie auch noch einmal neu überdenken, wie Sie Ihre emotionalen und sexuellen Bedürfnisse ausdrücken. Das könnte auch bedeuten, dass Sie Bereichen, in denen Sie sich bisher durch Ängste oder Hemmungen selbst blockiert haben, noch einmal auf den Grund gehen. Auch wenn Sie intuitiv ein intensives Gespür für Tendenzen und Gelegenheiten haben, ist es im Moment wahrscheinlich nicht angebracht, eine Entscheidung zu fällen und zur Tat zu schreiten. Es handelt sich jetzt um eine Zeit, in der Sie Ihre Ansichten erweitern und von einer höheren Warte aus auf das Leben blicken können. Dadurch können Sie leichter herausfinden, wo Sie sich allzu sehr mit alten Strukturen identifiziert oder in Ihrem Denken zu stark beengt haben.

Seien Sie nicht zu impulsiv, auch wenn Sie sich momentan sehr unrastig oder nervös fühlen mögen. Sie sind jetzt in Bewegung, und auch wenn neue Ideen oder Visionen auftauchen, wird, zumindest eine Zeitlang, wahrscheinlich kaum etwas eine greifbare Form annehmen. Betrachten Sie genau die Bereiche, in denen Sie nach neuen Möglichkeiten und erweiterten Perspektiven suchen. Reisen könnte jetzt gut für Sie sein, nicht nur zum Spaß, sondern als eine Möglichkeit, die Menschen und das Leben aus einem ganz neuen Blickwinkel zu betrachten. Eine gründlichere Beschäftigung mit Themen und Gedanken, die Ihnen helfen, Ihren intellektuellen und spirituellen Ansatz zu erweitern, könnte auch höchst inspirierend sein. Wenn Sie auf dem Status Quo beharren, dürften Sie sich mit der Zeit sehr gelangweilt fühlen, und auch wenn niemand Ihnen etwas Böses will, könnten Sie sich äußerst beschränkt vorkommen. Möglicherweise ist nämlich etwas in Ihren aus der zu eng gewordenen Hülle herausgewachsen, und das hinterlässt in Ihnen das Gefühl, dass Ihr Leben nicht mehr in die bisher gewohnten Bahnen passt. Diese Phase ist eine Art Warteraum, in dem Sie sich vielleicht ausruhen und dem Eindruck nachgehen sollten, dass es noch ein paar ungeschriebene Kapitel in Ihrem Lebensbuch gibt und dass auch noch manche Wege zu erkunden sind. Die günstige Zeit zum Handeln kommt vielleicht erst in ein paar Monaten. Die Saat für die Zukunft jedoch ist jetzt in Ihrem Geist und in Ihrer Vorstellung angelegt, und nun sollten Sie sich darüber bewusst werden, welcher Art dieses Saatgut ist, das demnächst aufgeht.

5. Der Bereich des Inneren Selbst

a) Geschenke des Himmels

Diese Zeit birgt große Möglichkeiten, wenn Sie erkennen können, was sich bietet und dies dann praktisch zu Ihrem Vorteil nutzen. Auf emotionaler Ebene fühlen Sie sich wahrscheinlich zuversichtlich und sehen unbegrenzte Möglichkeiten vor sich, was Sie das Leben voll auskosten lässt. Das ist aber nur eine oberflächliche Ebene dessen, was jetzt mit Ihnen geschieht. Wenn Sie damit nichts anfangen, außer sich frohgemut zurückzulehnen und die Zeit zu genießen, dann wird sie einfach vorbeigehen und nur eine – zwar angenehme, doch unklare – Erinnerung hinterlassen. Auf tieferer Ebene wird Ihr persönliches Identitätsgefühl stärker, und Sie sind dadurch nun besser in der Lage, Ziele zu bestimmen und sich vorwärts zu bewegen. Denn nun fühlen Sie wahrscheinlich mit größerer Sicherheit, dass Sie ein Recht auf Glück haben, und Sie können besser auf Ihre Intuition hören. In der Vergangenheit mögen öfters einmal günstige Gelegenheiten an Ihnen vorbeigeeilt sein, doch jetzt sieht es so aus, als könnte die Verheißung auf zukünftige Entwicklung und Gewinn wahr werden. Und genau auf diese Gelegenheiten sollten nun Sie Ihre Aufmerksamkeit richten. Das soll nicht etwa heißen, dass der Himmel jetzt ohne Ihr Zutun Bonbons über Ihnen ausschüttet. Eine Zeitlang könnten Sie sogar nicht einmal materielle Vorteile erkennen, und vielleicht ist der Vorteil sowieso nicht materieller Natur. Aber alles, was Sie nun anfangen, könnte für Ihre Zukunft weitreichende Konsequenzen haben.

Um sich in Ihrem Leben wirklich glücklich zu fühlen, werden Sie früher oder später höheres Wissen erwerben, die Welt der Philosophie erforschen und spirituelle Erfahrungen machen müssen, und wahrscheinlich sind Sie sich dessen auch bewusst, wenngleich Sie diese Einsicht bisher nicht in die Tat umsetzen konnten. Wenn es Ihnen schon gelungen ist, Ihr äußeres Leben als Ausdruck Ihrer inneren Werte zu gestalten, könnten Sie auch noch weitere, neue Möglichkeiten innerhalb des soeben erwähnten Lebensbereiches entdecken. Denn genau dieser Lebensbereich – ob Sie ihn schon in Ihr Leben integriert haben oder nicht – ist es, in dem Sie die größtmögliche Erweiterung für Ihre Entwicklung und Ihre Ziele erfahren können. Zwar könnte es sich als höchst unproduktiv erweisen, wenn Sie jetzt mit Zeit, Energie, Geld oder Beziehungen unklug herumspielen, jedoch finden Sie möglicherweise trotzdem den Mut, auch einmal ein Wagnis einzugehen und etwas zu riskieren, wozu Sie sich bisher nie getraut haben. Falls Ihnen jetzt ein Angebot über den Weg läuft, das nicht zu Ihrer derzeitigen Arbeitssituation zu passen scheint: nehmen Sie sich Zeit und untersuchen Sie es. Vielleicht spricht es etwas in Ihnen an, dessen Wert sich womöglich erst viel später wirklich offenbart.

Sie könnten jetzt auch entdecken, dass es etwas in Ihrem Leben gibt, das Sie radikal verändern müssen. Auch könnten Sie sich extrem ruhelos fühlen und den Wunsch hegen, umzuziehen, die Arbeitsstelle zu wechseln oder gar auszuwandern. Solange Sie Ihren gesunden Menschenverstand walten lassen und nicht Menschen, Orte oder Arbeitsstellen, die Ihnen wirklich etwas bedeuten, einfach aufgeben, könnten große Veränderungen dieser Art genau das sein, was Sie brauchen. Weil Sie selbst wachsen und sich verändern, muss sich vielleicht auch Ihre Umgebung verändern. Vielleicht treffen Sie auch auf Menschen, die besonders inspirierend auf Sie wirken oder Ihnen auf intellektueller, beruflicher oder spiritueller Ebene helfen, neue Türen zu öffnen. Sie verbreiten jetzt wahrscheinlich eine tolerante und großzügige Atmosphäre, und deshalb ziehen Sie wohl auch Toleranz und Großzügigkeit an. Beziehungen, die Sie zurzeit eingehen, tragen zumindest das Potential für eine feste Bindung in sich. In jedem Fall aber werden sie anregend und Ihrem Wachstum förderlich sein. Selbst wenn Sie jetzt wohl nicht in der Stimmung für eine dauerhafte Liebesbeziehung sind, könnten Sie von Freundschaften, die jetzt in Ihr Leben treten und lange halten werden, positiv überrascht sein. Versuchen Sie, sich in Geduld zu üben. Jetzt ist nicht der Hauptgewinn zu erwarten, durch den Sie ein für alle Mal ausgesorgt hätten, sondern Sie entdecken jetzt neue Potentiale in sich selbst, die Zeit und Arbeit benötigen, um zu reifen.

b) Ein Angriff auf das Identitätsgefühl

Es kann sein, dass Sie im Moment nicht besonders glücklich mit sich oder Ihrem Leben sind. Äußere Umstände scheinen sich verschworen zu haben, um Ihre Fortschritte zu behindern, und Sie könnten Erfahrungen machen, die Ihren Stolz oder Ihr Selbstwertgefühl verletzen und Sie niedergeschlagen oder vorwurfsvoll machen. Es könnte sich aber auch um eine Zeit der Herausforderungen handeln, in der Sie angesichts der Widerstände oder schwierigen Umstände klar definieren müssen, wer Sie sind und was Sie wirklich wollen. Wenn Sie Ihr Gleichgewicht und Ihre Integrität behalten und sich behaupten können, während Sie gleichzeitig die Dinge akzeptieren, die Sie nicht verändern können, könnten Sie aus dieser Phase als eine stärkere und weisere Persönlichkeit hervorgehen, die sich von vielen falschen Einstellungen und Werten, die nicht authentisch sind, getrennt hat. Am wichtigsten ist, darauf zu achten, dass Ihr Selbstwertgefühl nicht zerstört wird, egal was von der Außenwelt jetzt an Sie herangetragen wird. Sie könnten in Situationen geraten, die Ihnen in Erinnerung rufen, dass das Leben sehr unberechenbar und unfair sein kann. Das heißt nicht, dass Sie versagt haben oder dass Ihnen eine wichtige Fähigkeit abgeht. Aber es könnte bedeuten, dass Sie gründlich über Ihre Beurteilung anderer und die Erwartungen, die Sie an andere stellen, sowie über die Rolle, die Sie für sich im Leben zurechtgelegt haben, nachdenken müssen.

Wenn Sie deprimiert oder niedergeschlagen sind, müssen Sie vielleicht überlegen, woran Sie wirklich glauben und ob Sie Ihre spirituellen und moralischen Überzeugungen auch praktisch umsetzen können. Jede Schwierigkeit, die Ihnen im Moment begegnet, enthält wahrscheinlich Anteile aus der Vergangenheit. Wenn Sie Ihren Geist nach innen richten können, anstatt jemanden zu suchen, den Sie verantwortlich machen können, finden Sie vielleicht ein altes Verhaltensmuster der Selbstverleugnung oder Selbstaufopferung in sich, das Sie jetzt erkennen und verändern müssen. Sie müssen jetzt vielleicht auch lernen, sich ohne Tricks und Masken zu behaupten, denn Sie können sich jetzt nicht auf die Menschen verlassen, die Ihnen bisher ein Gefühl der Sicherheit vermittelt haben. Versuchen Sie, nicht wütend oder rachsüchtig zu reagieren, wenn Sie glauben, dass jemand Sie im Stich gelassen oder ungerecht behandelt habe. Sie könnten dadurch noch mehr Widerstand hervorrufen und sich am Ende niedergeschlagen und erniedrigt fühlen. Versuchen Sie, eine nüchternere und philosophischere Einstellung gegenüber dem Leben und sich selbst zu gewinnen. Diese Phase könnte außerordentlich positive Ergebnisse mit sich bringen, wenn Sie den derzeitigen Angriff auf Ihre Identität als Herausforderung erkennen und annehmen können.

c) Die Suche nach absoluten Wahrheiten

Ihre tiefsten Überlebensinstinkte sind jetzt im Brennpunkt des Geschehens, und das könnte wesentliche Auswirkungen in Bezug auf die Art und Weise, wie Sie mit Ihrem Leben umgehen, mit sich ziehen. Sie dürften sich jetzt Ihrer Stärken und Kraft in ungewöhnlichem Maße bewusst sein, und das könnte Sie dazu verleiten, größere Herausforderungen als sonst zu suchen. Dies wiederum könnte die Suche nach einem seit langem angestrebten Ziel abschließen. Aber in demselben Maße sind Sie im Moment auch geneigt, aus jeder Lebenssituation einen Kampf auf Leben und Tod zu machen. Beziehungen könnten dadurch in Machtkämpfe ausarten, und berufliche Herausforderungen in eine Schlacht gegen den Gegner. Wahrscheinlich spüren Sie für das, was Sie wollen, derzeit mehr Engagement als gewöhnlich. Dabei sind Sie fähig, sich voll und ganz dem zu widmen, was Ihr Herz begehrt. Allerdings könnte es Ihnen schwerfallen, über sich selbst und Ihre Anstrengungen auch einmal wohlwollend zu schmunzeln, weil alles so schrecklich ernst und intensiv erscheint. Wahrscheinlich haben Sie sich schon immer, wenn Sie erst einmal dazu motiviert waren, leidenschaftlich Ihren Idealen oder Lebenszielen gewidmet, und jetzt ganz besonders. Aber Sie sollten vielleicht nicht vergessen, dass auch andere eine Aufgabe und das Recht haben, Ihre Lebensziele zu verfolgen, selbst wenn diese mit Ihren eigenen kollidieren. Etwas mehr Flexibilität und Toleranz könnten jetzt nicht schaden.

Auch könnten tiefgehende Veränderungen in Ihrer Haltung und Ihren Anschauungen vor sich gehen, und zwar vor allem bezüglich der Art und Weise, wie Sie Ihren Familienhintergrund und Ihr psychologisches Erbe verstehen. Obwohl dieser Wandlungsprozess ein gewisses Maß an

Kampf erfordert, ist die Veränderung Ihrer Auffassungen, die er bewirkt, sicherlich eine der schöpferischsten und positivsten Dimensionen dieser Zeit. Ihre Individualität erhält mehr Tiefe, und vielleicht öffnen Sie sich für viele komplexe Aspekte des Lebens, die früher möglicherweise Ihrer Wahrnehmung entgangen sind. Vielleicht erfahren Sie viel über Ihre eigene Gefühlstiefe und entdecken emotionale Kräfte, deren Sie sich vorher nicht bewusst waren. Aber Intensität, Leidenschaftlichkeit und die Suche nach der absoluten Wahrheit müssen mit einer objektiven Einschätzung Ihres Lebens im Gleichgewicht sein, und Sie sollten bereit sein, gelegentlich auch einmal über sich selbst zu lachen. Besonders wichtig ist, dass Sie sich nicht – wie sehnsüchtig Sie etwas auch wollen – über die Gefühle und Bedürfnisse anderer hinwegsetzen. Dann könnte es nämlich zu ernstzunehmenden Konflikten und Kämpfen kommen, aus denen Sie vermutlich angeschlagen, gedemütigt und verletzt hervorgehen. Und wenn Sie das Empfinden haben, dass andere Sie niederrennen, sollten Sie vielleicht lieber aus der Schusslinie gehen, als heftig den Gegner zu bekämpfen. Auch wäre es in diesem Fall angebracht, dass Sie sich selbst fragen, ob und inwieweit Ihr eigenes bisheriges Verhalten dazu beigetragen haben könnte, dass Sie jetzt unter Beschuss oder in Bedrängnis sind. In dieser Zeit könnten Sie einige wichtige Lektionen über Gebrauch und Missbrauch von Macht lernen.

d) Sich unterdrückt fühlen

Sie fühlen sich jetzt vermutlich ein wenig niedergeschlagen oder entmutigt. Ihr Privatleben verläuft nicht ganz reibungslos, und Sie erleben Auseinandersetzungen mit nahestehenden Menschen. Tätigkeiten, die Ihnen vor kurzem aufregend oder befriedigend zu sein schienen, erweisen sich nun vielleicht als langweilig oder anstrengend. Außerdem fühlen Sie sich wahrscheinlich einsam und isoliert, weil andere Sie scheinbar nicht verstehen oder nicht so reagieren, wie Sie es gerne hätten. Doch das liegt vermutlich an Ihrer undeutlichen Kommunikation. Ihre innerlichen Konflikte sind die Ursache dafür, dass Sie widersprüchliche Aussagen machen bzw. die Äußerungen anderer falsch interpretieren. Ihr Selbstbild verändert sich jetzt, und Sie brauchen eine gewisse Flexibilität, um diesen Wandel zuzulassen, ohne sich bedroht oder unzulänglich zu fühlen. Die Umstände könnten Sie zu der Erkenntnis zwingen, dass Sie ein vielschichtiges Wesen sind, das auch vielschichtige Bedürfnisse hat. Für gewöhnlich reagieren Sie auf die Herausforderungen des Lebens einfühlsam und sensibel auf die Bedürfnisse anderer Menschen. Im Moment dürften Sie allerdings eher streng, teilnahmslos und kalt sein Ihre gewohnten Arten der Kommunikation scheinen gestört zu sein, und Sie glauben vielleicht, von niemandem gehört zu werden.

Sie sollten neue Ausdrucksformen suchen, die den unmittelbaren Erfordernissen Ihrer Umgebung besser entsprechen, anstatt zu erwarten, dass die Welt sich Ihnen anpasst In allen Ihren Konflikten zwischen Arbeit und Privatleben oder zwischen Ihren Bedürfnissen und denen Ihres Partners spiegelt sich die Notwendigkeit wider, mehr Flexibilität und Vielseitigkeit im Ausdruck zu entwickeln, um Ihre

Persönlichkeit und deren Bedürfnisse anderen Menschen besser vermitteln zu können. Vielleicht sollten Sie jetzt weitergehen, ohne die Unterstützung anderer zu erwarten, die sie Ihnen zurzeit vielleicht nicht geben können. Es könnte auch sein, dass Sie gar keine Hilfe von außen erhalten möchten, weil Sie gerade lernen, auf eigenen Füßen zu stehen. Ein Beziehungskonflikt oder eine Trennung könnte die Frage der Selbständigkeit aktuell machen, und Sie müssen sich jetzt vielleicht um Lebensbereiche kümmern, die Sie bisher anderen überlassen haben. Falls die Art Ihres Umgangs mit anderen den veränderten Anforderungen der Umwelt und Ihrer Mitmenschen nicht mehr entspricht, können Sie jetzt diesbezüglich einige wichtige Anpassungen vornehmen. Sind Sie jedoch eigensinnig, gekränkt und voller Selbstmitleid, können Sie aus den konstruktiven Möglichkeiten dieser Lebensphase keinen Nutzen ziehen.

e) Andere Menschen idealisieren

Zurzeit könnte es in Ihren Beziehungen zu einiger Verwirrung kommen. Sie brauchen vielleicht mehr als sonst andere Menschen, die Ihren Wert bestätigen. Eine derartige Abhängigkeit kann sich sowohl als positiv erweisen, indem Sie sensibler auf die Gefühle anderer reagieren und sich Ihrer Einheit mit ihnen stärker bewusst sind, als auch negativ auswirken, wenn Sie von Ihren Lieben das Heil erwarten und enttäuscht und desillusioniert sind, weil sie sich letztlich doch als gewöhnliche Sterbliche erweisen. Ein Verlust oder eine Trennung kann Sie sehr verletzlich machen und Ihnen ein Gefühl der Verlorenheit geben; vielleicht gehen Sie auch eine neue Beziehung ein, die nicht hält, was sie verspricht. Zurzeit besteht in Ihnen eine merkwürdige Mischung von Traurigkeit und Idealismus, was dazu führt, dass Sie die Schmerzen der Welt ungewöhnlich tief mitempfinden und kaum in der Lage sind, Ihr Leben selbst in die Hand zu nehmen.

Gleichzeitig haben Sie vielleicht das Gefühl, dass Ihre Vorsicht und Ihr Selbstschutz Sie verlassen haben. Sie fühlen sich weniger zuversichtlich als gewöhnlich und sind im Selbstausdruck und in der Kommunikation mit anderen eher vage und zweideutig. Tief in Ihrem Inneren erleben Sie jetzt den Zusammenbruch Ihres Abwehrsystems und der Barrieren, die Sie von anderen trennten und entfernten. Gleichzeitig öffnet sich Ihr Herz. Das kann sowohl verlockend als auch beängstigend sein, denn es macht Sie für die Ausnutzung oder Beherrschung durch Menschen anfällig, von denen Sie abhängig sind. Seien Sie vorsichtig bei Verträgen oder Verpflichtungen, die Sie jetzt abschließen oder eingehen zu müssen glauben – einerlei, ob beruflich oder privat. Tatsächlich wäre es besser, Sie würden größere Entscheidungen in Bezug auf berufliche oder persönliche Beziehungen aufschieben, bis die Nebel sich gelichtet haben und Sie genauer wissen, wer Sie sind und was Sie von anderen erwarten. Vermeiden Sie Betrug und Unehrlichkeit in engen Beziehungen sowie Ausflüchte oder Unwahrheiten im Umgang mit der Öffentlichkeit. Sie könnten zu hoch pokern und alles verlieren, so dass Ihnen zuletzt nur Ihre unerfüllten Träume bleiben.

V. Schlusswort

„Die einzige Konstante im Universum

ist die Veränderung.“

\- Heraklit -

Printed by Books on Demand GmbH, Norderstedt / Germany